SOBREVIVÍ

LOS ATAQUES DE TIBURONES DE 1916

SOBREVIVÍ

EL NAUFRAGIO DEL *TITANIC*, 1912

LOS ATAQUES DE TIBURONES DE 1916

SOBREVIVÍ

LOS ATAQUES DE TIBURONES DE 1916

Lauren Tarshis

ilustrado por Scott Dawson

Scholastic Inc.

Originally published in English as *I Survived the Shark Attacks of 1916*

Translated by Joaquín Badajoz

ISBN 978-1-338-33123-3

16 15 24 25

Printed in the U.S.A. 40
First Spanish printing 2019
Designed by Tim Hall

A LEO

CAPÍTULO 1

12 DE JULIO DE 1916
ELM HILLS, NUEVA JERSEY
EN EL RÍO MATAWAN

Un escalofrío recorrió el cuerpo de Chet Roscow, de diez años de edad, desde la cabeza hasta la punta de los pies. Chet había estado nadando solo en el río Matawan, pero sentía que alguien, o algo, lo estaba mirando.

De repente vio de qué se trataba: una gran aleta

gris cortaba el agua como un cuchillo. ¿Qué era aquello? ¿Podría ser realmente...?

¿Un tiburón?

¡Eso era imposible! Elm Hills estaba a varias millas del océano. ¿Cómo podría un tiburón abrirse camino río arriba hasta este pequeño arroyo?

De ninguna manera...

Pero ahora Chet podía verlo, aproximándose.

Era un tiburón gigante, más grande que él. Sus ojos negros lo miraban, amenazadores, a través del agua.

Ojos asesinos.

Chet salió disparado hacia la orilla, golpeando el agua, pateando con todas sus fuerzas hasta que finalmente pisó el fondo. Siguió corriendo, mirando por encima del hombro. El tiburón estaba justo detrás de él, con sus enormes mandíbulas abiertas y sus dientes como dagas blancas refulgiendo en su boca ensangrentada.

CAPÍTULO 2

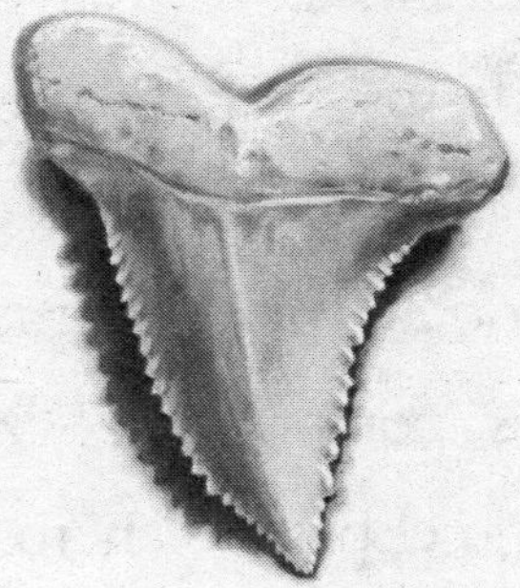

NUEVE DÍAS ANTES...

3 DE JULIO DE 1916

9:00 A.M.

CAFETERÍA: THE ELM HILLS DINER

El desayuno del lunes por la mañana en la cafetería The Elm Hills Diner finalmente había terminado. A Chet le dolían los pies. Estaba cubierto de almíbar, migas de dónut y grasa de tocino. Su pelo rojo y rizado estaba húmedo de sudor, pero se sentía increíblemente feliz. El tío Jerry le estaba pagando una fortuna por ayudarlo en su restaurante ese verano, ¡quince centavos por día! A Chet le gustaba estar rodeado de rostros familiares y escuchar a la gente gritar su nombre mientras él trabajaba. Pero lo mejor de todo era que finalmente había hecho algunos amigos, por primera vez desde que vino a vivir con su tío el pasado enero. Se iba a quedar con él por un año, mientras sus padres estaban en California por asuntos de negocios.

Chet estaba limpiando el mostrador cuando la puerta principal de la cafetería se abrió de golpe. Sonrió al ver a Dewey, Sid y Monty corriendo hacia él. Pasaban todas las mañanas camino a su trabajo en la fábrica de azulejos. Chet los había visto en la escuela, los chicos escandalosos que siempre hablaban de béisbol, pero no había llegado a conocerlos hasta ese verano.

—¿Lo oíste? —le dijo Dewey, con las mejillas pecosas enrojecidas por la emoción.

—¡No vas a creerlo! —dijo Monty, con las gafas empañadas por la humedad.

—¡Déjenme decírselo! —pidió Sid, empujando a sus amigos a un lado. Era el más bajo de los tres, pero siempre mandaba a los otros—. ¡Fue un tiburón!

Luego todos comenzaron a hablar a la vez.

—¡Un ataque de tiburón!

—¡Era enorme!

—¡Le arrancó la pierna a un hombre!

—¡Había sangre por todas partes!

—¡El hombre está muerto!

—¡Fue aquí cerca, en Beach Haven! —añadió Monty.

Beach Haven estaba a unas setenta millas al sur de Elm Hills, en el océano Atlántico. Chet había oído hablar de sus lujosos hoteles y de las personas que nadaban en el océano con elegantes trajes de baño, ¡pero nunca había escuchado sobre ningún ataque de tiburón!

El tío Jerry salió de la cocina, con sus intensos

ojos azules brillando y su espeso cabello oscuro cuidadosamente peinado hacia atrás.

Los chicos siempre se sobrecogían un poco cuando veían al tío de Chet. Cuando era joven, había sido una leyenda del béisbol local en Elm Hills. Podría haberse convertido en profesional, pero se había lastimado la rodilla deslizándose a base en un juego de campeonato. Su equipo ganó, pero el tío Jerry nunca pudo volver a jugar. Todavía cojeaba un poco después de un largo día de trabajo.

—¿Qué están diciendo de un tiburón? —preguntó mientras repartía dónuts de canela a cada uno de los chicos—. Ustedes no estarán tratando de engañarnos, ¿verdad?

Chet sabía que a los chicos les encantaba hacer bromas. El último día de clases, habían puesto una rana en la lonchera de Minnie Marston. La chica era la más bonita del colegio, pero se había enojado tanto que su rostro se volvió de un feo color púrpura.

—¡No estamos bromeando! —dijo Monty,

KILLER SHARK
ATTACKS SWIMMER!

sacando una arrugada hoja de papel periódico del bolsillo de su pantalón—. ¡Aquí está!

Se la entregó a Chet. Era del *New Jersey Herald*. A Chet se le erizó el pelo de la nuca mientras leía la historia. El tío Jerry leyó por encima de su hombro.

¡TIBURÓN ASESINO ATACA A NADADOR!

2 DE JULIO DE 1916

BEACH HAVEN, NUEVA JERSEY

Charles Vansant, de 25 años, fue atacado por un gran tiburón el sábado, 1ro de julio, mientras nadaba en aguas profundas. Él y su familia estaban de vacaciones en el lujoso Hotel Engleside.

El Sr. Vansant, conocido por todos como un hombre de excepcional encanto y promisorio futuro, nadaba con un perro cuando ocurrió el ataque. La playa estaba repleta de elegantes damas y caballeros que disfrutaban de la brisa de la tarde, cuando los gritos de pánico hicieron

eco en el aire. Se podía ver una gran aleta negra nadando hacia el Sr. Vansant. Los espectadores trataron de advertirle, pero era demasiado tarde. El tiburón atacó brutalmente al joven, quien luchó por nadar hasta la orilla. Un salvavidas y dos hombres corrieron en su ayuda y finalmente lograron sacarlo del agua, pero el joven murió al poco tiempo, debido a las heridas recibidas.

Este es el primer ataque mortal de tiburón contra un ser humano del que se tenga noticia en la costa noreste de los Estados Unidos.

El tío Jerry se rio.

Chet lo miró fijamente. Su tío era un tipo duro, pero, ¿acaso creía que un hombre destrozado por un tiburón era algo gracioso?

—Muchachos, ese artículo es un engaño —dijo el tío Jerry—. Los tiburones no atacan a los seres humanos. Está comprobado. ¿Nunca han oído hablar del Sr. Hermann Oelrichs?

Ninguno de ellos había escuchado hablar de él.

—Era un millonario —explicó el tío Jerry—. Tenía una gran compañía de transportación naviera. Un día, creo que fue hace como veinticinco años, este señor estaba en su yate con sus amigos ricos, no muy lejos de la ciudad de Nueva York. Estaban en el océano y navegaron directamente hacia una gran mancha de tiburones. Las damas gritaban de pánico, pero Oelrichs se puso el traje de baño y se lanzó al agua, prácticamente encima de esos tiburones.

—¿Por qué hizo eso? —preguntó Sid.

—Para demostrar que los tiburones no lo atacarían —dijo el tío Jerry—. Armó un escándalo, chapoteando y pateando, incluso les gritó a los tiburones. Y, ¿saben lo que pasó? Los tiburones se espantaron, muertos de miedo como conejos.

Sid miró a Chet y sonrió.

—¡Y eso no es todo! —continuó el tío Jerry—. El Sr. Oelrichs ofreció una recompensa de quinientos dólares a cualquiera que pudiera presentarle un caso en el que un tiburón hubiera atacado a un humano en la costa noreste de los Estados Unidos.

—¡Quinientos dólares! —Se sorprendió Dewey—. ¡Eso es una locura!

—Puede ser —dijo el tío Jerry—. Pero nadie pudo cobrar esa recompensa, porque los tiburones simplemente no atacan a los seres humanos. Ese pastel de cereza que ven allí puede probablemente hacerte más daño que un tiburón.

Todos se echaron a reír.

De pronto, sintieron una voz grave que venía desde un extremo del mostrador.

—Estás equivocado. Algunos tiburones son asesinos.

Era el capitán Wilson, que venía a la cafetería todos los días a desayunar. Hacía mucho tiempo había sido capitán de un barco ballenero, pero ahora se movía por el río en su lancha destartalada. Por lo general, tenía la mirada perdida, como si no estuviera seguro de dónde se encontraba.

Pero ahora los ojos del capitán reverberaban.

—¿Has visto alguno de esos, Capi? —preguntó el tío Jerry, rellenándole la taza de café al capitán.

—¿Ver uno? —respondió el capitán—. Un tiburón blanco casi me parte en dos.

—¿Y cómo fue eso? —dijo el tío Jerry, guiñándole un ojo a Chet.

—No quiero asustarlos, muchachos —dijo el capitán.

—¡Por favor, señor! —rogó Monty—. A nosotros nada nos asusta.

—¡Nosotros podemos escuchar lo que sea! —insistió Sid.

Chet sintió una sacudida de felicidad al descubrir que el "nosotros" también lo incluía a él. El tío Jerry regresó a la cocina, negando con la cabeza.

—Bien, entonces —respondió el capitán, mirando a su alrededor y confirmando que la cafetería estaba casi vacía—. Pero acérquense. Y no hagan demasiada bulla. No quiero molestar a los otros clientes.

CAPÍTULO 3

—Corría el año 1852 —comenzó el capitán—. Yo no era mucho mayor que ustedes, muchachos. Sucedió en uno de mis primeros viajes balleneros. Llevaba dos años en alta mar y por fin venía de regreso a casa a través del Pacífico. De repente, el cielo se encapotó. —Su voz era grave y susurrante, como si viniera de algún lugar remoto—. El viento comenzó a ulular y rompió a llover. Nunca olvidaré esas olas. Pensé que nuestro barco llegaría a la luna. ¡Qué viento! Cada sacudida destrozaba el barco como si fuera de papel. Terminamos naufragando. Pude sujetarme a un barril y así pasé la noche. Cuando comenzó a amanecer, la tormenta ya había pasado. Estaba solo. Era un pequeño punto en medio del océano.

—¿Los otros murieron? —preguntó Dewey, pero el capitán parecía no escuchar.

—Entonces vi la aleta.

—¿Un tiburón?—susurró Monty, inclinándose un poco hacia Sid.

—Shhhhh —le ordenó Sid.

—Estuvo nadando en círculos a mi alrededor largo rato —prosiguió el capitán—. Daba vueltas y más vueltas, lentamente, como si jugara conmigo. Se fue acercando poco a poco, hasta que pude verle los ojos, negros como el carbón —susurró—. Ojos asesinos.

El capitán miraba a través de la ventana de la cafetería como si esperase ver el tiburón con sus mandíbulas abiertas pegado al vidrio.

—Ojos asesinos —repitió, calmado.

Pasó casi un minuto antes de que siguiera hablando. Los chicos esperaron, ansiosos.

—La bestia se sumergió y por un segundo pensé que había decidido que yo no valía la pena. Pero, de repente, algo me golpeó la pierna, raspándome hasta dejarla en carne viva. La piel de tiburón es áspera. ¡Puede usarse como papel de lija!

El capitán se frotó la pierna como si todavía le doliera.

—Se me echó encima con las mandíbulas abiertas —continuó—, tan grandes como para tragarme entero. Los dientes parecían dagas afiladas, alineadas en filas.

Ahora le temblaban las manos.

—Tenía la punta de un arpón en un bolsillo. La agarré y logré clavársela —dijo, dando un manotazo sobre el mostrador con tanta fuerza que su jarra de café terminó destrozada en el piso. El capitán ni se dio cuenta—. Justo en uno de los ojos asesinos —añadió.

—¿Lo mató? —preguntó Dewey.

—Oh, no —respondió el capitán, negando con la cabeza—. Pero logré que se fuera nadando. Desapareció. No era mi hora.

Cuando terminó, se puso de pie y se encasquetó su vieja gorra de capitán.

—Tengo que irme —se despidió—. Mi dulce Deborah debe estar esperándome.

Deborah era su esposa. Había muerto hacía por lo menos veinte años.

Chet y los chicos lo observaron irse.

El tío Jerry había salido de la cocina cuando escuchó la jarra del capitán romperse.

—Pobre viejo —dijo, mientras barría los restos—. Tiene la mente como un queso suizo.

—¿Quieres decir que esa historia no es cierta? —preguntó Monty.

—Creo que el capitán adorna el cuento un poco —respondió el tío Jerry, encogiéndose de hombros.

—¡Lo acuchilló con la punta de un arpón! —rio Dewey.

—¡Ojos asesinos! —rugió Monty.

—La próxima vez nos contará que se lo tragó una ballena —bromeó Sid.

De todos modos, Chet siguió pensando en el capitán el resto del día. Él tampoco creía la historia. Su tío tenía razón. ¿Quién había oído hablar de un tiburón que atacara a una persona?

No era el tiburón lo que le atemorizaba, sino la idea de estar solo en medio del océano. Por extraño que parezca, Chet comprendía ese sentimiento. Había viajado a través del país con su mamá y su papá la mayor parte de su vida. Su papá siempre estaba a la caza de nuevas oportunidades de negocio, ya fuera vendiendo autos en Oregón, fabricando bicicletas en St. Louis o retratando familias en Filadelfia. Cada vez que se mudaban, su mamá se encargaba de arreglar un apartamento o alguna casita medio destartalada. Chet trataba de hacer amigos. Y, justo cuando comenzaban a sentirse cómodos, al negocio le iba mal o a su papá se le ocurría cualquier otra idea. "Recojan, que nos mudamos", anunciaba, y a su mamá no le quedaba más remedio que volver a empacar.

Se suponía que Chet fuera con sus padres a California, donde su papá estaba seguro de que esta vez le sonreiría la fortuna y se haría rico, pero su mamá había decidido a última hora que era mejor que se quedara con el tío Jerry.

—Es un pueblo agradable —le había dicho su mamá—. Y el tío Jerry cuidará bien de ti.

Chet recordaba cómo se divertía con el tío Jerry cuando pequeño. Su tío le había enseñado a lanzar una pelota de béisbol. Pero no se habían visto en años. ¿Lo reconocería después de todo este tiempo?

No debió haberse preocupado. Cuando Chet se bajó del tren, el tío Jerry estaba esperando en el andén, con una gran sonrisa en la cara.

—Ya me iba —le dijo, envolviéndolo en un abrazo que no terminó hasta que el tren partió de la estación.

Desde aquel día, el tío Jerry lo hizo sentirse en casa. Pero no importaba cuánto le gustara estar con él o que la gente le gritara "¿¡Qué pasa, Chet!?" cuando entraban a la cafetería. Chet extrañaba a sus padres. Seguramente muy pronto se reuniría con ellos en California.

¿Llegaría en algún momento a "echar raíces" en alguna parte o andaría siempre dando tumbos por su cuenta, como un pequeño punto en medio del océano?

CAPÍTULO 4

La semana siguiente fue bastante calurosa. Los caballos recorrían jadeantes la calle principal de una punta a la otra. El jueves la temperatura dentro de la cafetería alcanzó casi 40 grados centígrados. Pero a Chet no le importaba el calor. Algo sorprendente había pasado ese día: los muchachos lo habían invitado a nadar con ellos en el río.

Aquella semana habían estado llegando a la

cafetería cada vez más temprano y se quedaban dando vueltas incluso después de haber engullido las dónuts.

—¿Has visto alguna vez el Océano Pacífico? —le preguntó Sid un día.

—Claro —dijo Chet.

—¿Cómo luce? —preguntó Monty.

Chet se quedó pensando un rato para encontrar la descripción perfecta. No quería decepcionar a los chicos.

—Un poco más azul que el Atlántico. Con olas un poco más grandes, quizás. Pero más allá de eso, solo se ve agua y olas.

Todos parecieron satisfechos.

—¿Y el río Misisipi? —le preguntó Dewey al día siguiente—. ¿También lo has visto?

Chet les contó que era ancho y fangoso.

—Estuve en un vapor que se atascó en el fango —les contó Chet—. Tuvimos que pasarnos ahí todo el día y la noche.

Los chicos lo miraron impresionados.

—Eres el niño más suertudo que conozco —sentenció Sid.

—¿Yo? —preguntó Chet.

—¿Quién si no? —interrumpió Monty—. ¡Haber visto todos esos lugares!

—No sé —respondió Chet—. Odio tener que mudarme tanto.

Chet sintió un sobresalto al escuchar sus propias palabras. Era lo que sentía, pero nunca lo había dicho en voz alta, ni siquiera se lo había mencionado a su tío. Esperaba que los chicos no pensaran que se estaba quejando.

—Oye, ¿por qué nunca bajas al río? —preguntó Sid.

—Siempre te buscamos pero no te vemos —dijo Monty.

Chet trató de ocultar su asombro.

—No será el Océano Pacífico —bromeó Dewey—, pero tiene su encanto.

—He escuchado que es mejor que el Pacífico —dijo Chet.

Los chicos rieron al escucharlo.

—¿Por qué no vienes hoy con nosotros? —lo invitó Sid y, por supuesto, Chet les prometió que se encontraría allí con ellos después del trabajo.

El tío Jerry le dibujó un pequeño mapa para que no se perdiera: una línea de puntos hasta el final de la calle principal, que pasaba por detrás de la fábrica de lozas y luego bajaba por una empinada colina y cruzaba un camino a campo traviesa.

Cuando Chet llegó a la base de la colina, por un segundo pensó que se había perdido. No podía ver el río, estaba dentro de un campo de altas hierbas doradas. De pronto, escuchó gritos y chapoteos. Caminó a través de la hierba hasta un claro. Los pantalones y las camisas llenos de polvo de los chicos colgaban de algunas ramas bajas. Tres pares de botas desgastadas estaban tiradas sobre la tierra. Y, justo más adelante, estaba el río.

Los chicos tenían razón: no era muy grande; cuando más veinte pies de agua de una orilla a la otra. Ni siquiera se atrevería a aventurar si tenía la profundidad suficiente para saltar en picada. Pero lucía agradable y sombreado, y no había otro lugar en la tierra en aquel momento en el que Chet prefiriera estar.

—¡Apúrate! —le gritó Dewey—. El agua está deliciosa.

Chet se quitó la ropa y se trepó al desvencijado muelle.

—¡Salta! —dijo Sid.

Tomó impulso corriendo y saltó al agua.

¡Cataplum! El agua fría lo envolvió, llevándose de paso todas sus preocupaciones.

Los chicos lo rodearon. Dewey lanzó una pelota de caucho rosado al aire.

—¡Chet, agárrala! —gritó.

Chet entrecerró los ojos, cegado por el sol, y de milagro logró agarrarla.

—¡Aquí! —gritó Sid, saltando y moviendo las manos.

Chet le lanzó la pelota con toda su fuerza, como el tío Jerry le había enseñado, y Sid la capturó sin problemas. Jugaron con la pelota y luego saltaron por turnos desde el muelle, persiguiéndose unos a otros a través del río.

Cuando se cansaron de nadar, se sentaron en un banco debajo de un gran olmo. La mamá de Dewey le había preparado tres galletas grandes de jengibre con melaza y los chicos se disputaron quién compartiría la suya con Chet.

—¿Te gusta estar aquí? —le preguntó Sid.

—Se siente agradable —respondió Chet con la boca llena.

—Quiso decir en Elm Hills —interrumpió Monty.

—¿Crees que vas a quedarte por un tiempo? —preguntó Dewey.

Chet tragó en seco. Apenas el día antes había recibido una carta de su mamá. "Tenemos un apartamento agradable con un cuarto solo para ti", le había escrito. "Creo que tu papá va a tener mejor suerte esta vez".

—Eso espero —respondió Chet.

Los chicos asintieron.

—Le gustas a Minnie Marston —dijo Dewey.

—¿En serio? —tartamudeó Chet.

—Claro —aseguró Monty, sonando un poco celoso—. Se lo dijo a mi hermana.

Se quedaron un rato sentados, conversando sobre Minnie y sobre el juego que lanzara el tío Jerry en 1908, en el que no le anotaron ni una carrera. Luego Sid se levantó y se lanzó de nuevo al agua. Todos lo siguieron.

Sid fue nadando río abajo, mientras Chet se quedó jugando pelota con Dewey y Monty. Se lanzaron algunas bolas por un rato.

—¡Dewey! —llamó Chet antes de lanzarle la pelota a su amigo una vez más.

Pero Dewey no le prestó atención. Miraba fijamente hacia algo que había en el agua, con una extraña expresión en la cara. En ese momento Chet también lo vio: un triángulo gris que se dirigía hacia Dewey por encima de la superficie del agua.

¿Qué era aquello?

Lucía como la aleta de un pez gigante. Sería...

Negó con la cabeza. Estaba viendo visiones.

Un tiburón en el río era algo imposible.

Incluso trató de reírse. Su mente le debía estar jugando una broma después de escuchar la historia del capitán.

Pero la aleta seguía acercándose a Dewey. Cada vez más rápido, cada vez más cerca.

—¡Dewey! —gritó Chet.

Pero fue muy tarde.

Se sintió un gran chapoteo. Y Dewey desapareció.

CAPÍTULO 5

—¡Dewey! ¡Dewey! —gritó Chet saliendo del agua.

Llegó hasta el banco mirando hacia el río en busca de Monty y Sid, pero tampoco ellos estaban.

¡Se los habían tragado! ¡Él era el único sobreviviente! Estaba a punto de salir corriendo para el centro del pueblo en busca de ayuda cuando de repente Dewey apareció escupiendo agua.

—Idiota —dijo Dewey mirando a su alrededor—. ¡Me mantuviste mucho tiempo debajo del agua! ¡Ese no era el plan!

¿A quién le hablaba Dewey? ¿Qué quería decir con aquello de "el plan"?

Sid salió del agua tratando desesperadamente de respirar. ¿De qué se reía? ¿Dónde estaba el tiburón?

—¡Te engañamos! —Sid se burló de Chet. Traía algo en la mano.

Un pedazo de loza gris.

La aleta.

A Chet la cabeza le comenzó a dar vueltas. Sentía que iba a vomitar. ¡Había sido una broma!

—¡No puedo creer que hayas caído! —dijo Monty, riendo desde la otra orilla del río.

Chet no podía hablar. El corazón se le quería salir por la boca. ¿Por qué habrían hecho eso?

—¡Si te hubieras visto! —gritó Monty—.

Gritabas tan alto que tu mamá debe haberte escuchado en California.

Chet tenía las mejillas rojas. Le temblaban las manos. ¿Cómo había podido pensar que estos chicos querían ser sus amigos? Ellos solo querían a alguien de quien se pudieran burlar. Esa era la única razón por la que lo habían invitado.

Chet agarró la ropa y comenzó a vestirse.

—¡Ey! —gritó Sid—. ¡No te enfades!

Todos salieron del agua dando tumbos y corrieron hacia él.

—¡Solo estábamos jugando!

—¡No queríamos que te asustaras así!

—¡Siempre estamos bromeando!

Pero Chet no escuchaba. El corazón le saltaba en el pecho y las mejillas le ardían. Terminó de anudarse los cordones de las botas, se puso de pie y se largó del lugar.

CAPÍTULO 6

Al día siguiente, los chicos llegaron a la cafetería riendo, como si no hubiera pasado nada. Chet ni siquiera les devolvió el saludo. Se metió en la cocina antes de que se sentaran y no salió hasta que se fueron.

Cuando pasó la hora del desayuno, su tío le dio una jarra de refresco de zarzaparrilla y le dijo que se sentara.

—¿Qué pasa, *mijo*? —le preguntó, sentándose

a su lado—. Veo que has estado evitando a tus amigos.

—No son mis amigos —respondió Chet—. Apenas los conozco.

El tío Jerry se le quedó mirando.

—¿Estás así por la broma que te hicieron en el río?

—¿Cómo lo sabes? —preguntó Chet.

—No lo hicieron por malos —dijo el tío Jerry riendo, pero sin gota de maldad—. Deberías sentirte halagado.

—¿Y eso por qué? —dijo Chet—. Me hicieron sentir como un idiota.

—Quiere decir que les caes bien, que te consideran uno de ellos —respondió el tío Jerry—. Ahora están esperando que les pagues con la misma moneda. ¿No sabías que es así como funciona?

¿Cómo podría saberlo? Nunca antes había tenido amigos de verdad. Quería saber más pero, antes de que pudiera preguntar, el Sr. Colton y el Dr. Jay, los mejores amigos de su tío, entraron por la puerta. El Sr. Colton era el dueño de la ferretería y el Dr. Jay era el médico de casi todos en el pueblo. Venían a diario a tomar café y a conversar de béisbol con el tío Jerry.

Pero hoy los dos hombres no querían hablar del récord de picheo de Babe Ruth. El Sr. Colton les extendió el periódico que traía en la mano para que pudieran leer el titular de la portada.

TIBURÓN MATA A SEGUNDO BAÑISTA EN NUEVA JERSEY

7 DE JULIO DE 1916

SPRING LAKE, NUEVA JERSEY

Un tiburón atacó a Charles Bruder, de 28 años, mientras nadaba solo en el océano ayer en la tarde. Los salvavidas corrieron en su auxilio, pero las heridas del joven eran tan graves que se desangró antes de llegar a la playa.

Bruder, el querido capitán de botones del Hotel Essex and Sussex, tenía fama de buen nadador. Pero ni aun así pudo rivalizar con la bestia que lo atacó sin piedad. Antes de fallecer, Bruder sacó fuerzas para contar los detalles de la extraordinaria historia.

"Era un ejemplar gris inmenso y tan áspero como el papel de lija", dijo Bruder a sus rescatistas. "No lo vi hasta que me embistió la primera vez... Fue entonces que grité... Pensé que se había ido, pero solo había dado la vuelta y volvió a atacarme... Entonces me mordió la pierna izquierda... Me haló hasta el fondo antes de soltarme... Regresó... y me sacudió como un terrier sacude a una rata".

Bruder intentó decir un par de palabras más, pero ya no tenía fuerzas. Murió a causa de una hemorragia masiva antes de que los salvavidas pudieran llevarlo a la orilla.

Las autoridades piden a los ciudadanos que no naden solos.

—Todavía no lo creo —dijo el tío Jerry—. Alguien está cocinando esas historias para vender periódicos.

—Pudiera ser —dijo el Sr. Colton—. De cualquier modo, la gente está aterrada. La prima de mi esposa vive allá y dice que nadie quiere acercarse al océano. Han salido pescadores con rifles a dispararle a cualquier cosa que se mueva.

—¿Sabes que me recuerda? —dijo el Dr. Jay—. Al Demonio del Río.

—¿Qué cosa es eso? —preguntó Chet.

El Sr. Colton y el Dr. Jay se rieron entre dientes. El Sr. Colton inclinó su cuerpo robusto hacia delante y se acercó a Chet.

—Dicen los viejos que hay un monstruo que vive junto al río. Está cubierto de fango. Se alimenta de serpientes y murciélagos y suelta unos silbidos que hielan la sangre. También lanza quejidos. Según la leyenda, sale cada década y se lleva a un chico con él.

—¿La gente cree eso? —preguntó Chet.

—Todo el mundo en el pueblo conoce la leyenda —respondió el tío Jerry—. Pero nadie realmente cree que sea cierta.

—Excepto Jerry —interrumpió el Dr. Jay, dándole una palmada al tío en el hombro—. ¡Cuando éramos pequeños ni muerto se acercaba a ese río!

—Bah —dijo el tío Jerry, haciéndole un gesto con la mano al doctor—. No sé de qué estás hablando. ¿Necesita alguien que le operen una verruga o algo así? —preguntó en voz alta, intentando cambiar la conversación.

¿Se había sonrojado el tío?

¡Parecía increíble que le tuviera miedo a un monstruo de mentira! Chet sonrió. Quizás todavía existía alguna esperanza para él.

De repente, se le ocurrió la mejor broma del mundo. La gente del pueblo hablaría de ella por años. Y, a partir de ese momento, sería sin dudas parte de la pandilla. Dewey, Monty y Sid se las verían cara a cara con el Demonio del Río.

CAPÍTULO 7

El domingo en la iglesia, Chet fue a saludar a los chicos. Parecían aliviados de que no siguiera enfadado, y la verdad era que ya no lo estaba, ahora que entendía cómo funcionaba lo de las bromas y que tenía un plan genial para desquitarse.

—Ven a nadar hoy con nosotros después del almuerzo —lo invitó Sid mientras ayudaba a su mamá a subirse a la calesa.

—¡Está bien! —le respondió Chet—. ¡Nos vemos allí!

El tío Jerry le dio una palmada en la espalda.

—Así se hace, *mijo* —le dijo—. En un pueblo pequeño no caben los rencores.

Chet se moría por contarle su idea al tío Jerry, pero se mordió la lengua, no fuera a ser que su tío le contara a alguien y se arruinara el plan.

Cuando salió del patio de la iglesia, vio a Minnie Marston. La chica lo saludó con la mano, sonriéndole, como invitándolo a ir a conversar con ella. Chet llevaba meses rezando por que Minnie se fijara en él. ¿Por qué ahora? Ahora no tenía tiempo para niñas, ni siquiera para Minnie. Tenía que llegar al río antes que los chicos. Le dijo adiós a Minnie y siguió para su casa.

El tío Jerry iba a pasar por la cafetería para resolver algunos asuntos de contaduría, y Chet se fue directo a la casa para cambiarse. En cuanto llegó, agarró la bolsa que había preparado esa misma mañana. Dentro había una botella de kétchup, un par de botas viejas de trabajo y la gorra blanca que siempre usaba —era todo lo que necesitaba. Se fue corriendo hasta el río, que estaba completamente desolado, y comenzó a preparar su broma.

El plan consistía en dos partes. Primero quería que los chicos pensaran que algo lo había atacado y había arrastrado su cuerpo ensangrentado al agua. Chet fue derramando kétchup por el muelle, como si fuera un rastro de sangre. Puso las botas en el borde y las cubrió con el líquido, y lo mismo hizo con la gorra.

Dio un paso atrás para admirar su trabajo.

Hasta el momento, todo iba perfecto.

Después se quitó los pantalones, la ropa interior y las botas. Lo hizo un bulto y lo escondió todo entre las hierbas altas. Luego fue hasta el río y se adentró en un área donde abundaba la hierba.

Agarró puñados de fango del fondo y se lo untó en la cara, los brazos y el pecho. Puso especial cuidado en cubrirse bien la cabeza, para que no se le viera ni un pelo. No tenía ni la más remota idea de cómo luciría el Demonio del Río, pero lo más probable es que no fuera pelirrojo.

Estaba terminando cuando comenzó a escuchar voces. ¡Los chicos!

Chet cerró los ojos y respiró profundo. Después lanzó el alarido más fuerte y horripilante que fue capaz. Gritaba como si estuviera aterrado, agonizando. Inmediatamente comenzó a chapotear en el agua cuidando de no quitarse el fango. Gritó un poco más y luego se escondió entre la hierba.

—¿Chet? —llamó Sid—. ¿Estás ahí?

Chet no respondió. No podía ver a los chicos, pero escuchaba sus respiraciones sofocadas y sus voces de pánico.

—¿Dónde está?

—¿Son estas sus botas?

—¡¿Qué demonios?!

—¡Ay, mi madre! —susurró Sid—. ¿Eso será sangre?

Chet contuvo la respiración. ¿Se lo creerían? ¿Funcionaría?

—¿Chet? —volvió a llamar Sid—. Chet, ¿estás ahí?

Chet tuvo que morderse los labios para que no se le escapara una carcajada.

—¿No es esa la gorra de Chet? —susurró Dewey.

Pasaron unos segundos de silencio.

—¿Qué es lo que está pasando? —preguntó Monty, calmado.

¡Habían caído en la trampa! Había llegado el momento de poner en acción la segunda parte del plan.

Chet lanzó un silbido profundo, recordando lo que el Sr. Colton le había contado del sonido que el Demonio del Río hacía antes de atacar.

—¿Qué demonios fue eso? —preguntó Dewey, con voz temblorosa.

—¡Silencio! —ordenó Sid.

—¿No sería mejor que fuéramos a buscar ayuda? —propuso Dewey.

—SSSSSSCCCHHHHHHHISSSSSSSSSS —hasta el mismo Chet se sorprendió de lo escalofriante que sonaba. A continuación comenzó a gemir, bajito al principio y luego más alto.

—¡AAAAAAGGGGGGHHHHHHH!

Asomó la cabeza por entre la hierba, solo lo suficiente para que sus amigos pudieran echarle un vistazo a la horripilante cabeza cubierta de fango.

Los chicos se le quedaron mirando con los ojos fuera de órbitas y las bocas abiertas.

—¡Auxilio! —gritaron al unísono.

Del tiro, Dewey salió corriendo.

—¡AAAAAAGGGGGGHHHHHHH!

—¡AAAAAAGGGGGGHHHHHHH! —gritaron también Sid y Monty, y salieron huyendo.

Fue entonces que Chet salió completamente del agua.

—¡Los asusté! —gritó.

Sid y Monty se quedaron petrificados, con las caras pálidas.

—¡Buena se la hice! —gritó de nuevo Chet.

Se quedó esperando que las caras aterrorizadas de sus amigos se transformaran en sonrisas, que se doblaran de las carcajadas y le dijeran que era un genio, pero eso no fue lo que pasó.

Sid pateó el muelle de madera y se lanzó hacia Chet con el puño cerrado y la cara roja de la furia.

Chet se echó hacia atrás. ¿Le pegaría?

—Déjalo. No vale la pena —le dijo Monty, agarrándolo por detrás.

—¡Eres un idiota! —protestó Sid—. ¡Pensamos que te había pasado algo malo!

—¿Cómo pudiste pensar que eso sería divertido? —dijo Monty.

Las palabras le llegaron duras y frías.

Sid se le quedó mirando unos segundos más. Luego se dieron la vuelta y se marcharon.

Chet se quedó tieso, en *shock*.

Su broma había salido mejor de lo que había pensado, pero de la manera equivocada. Y ahora estaba ahí, cubierto de fango apestoso y solo.

CAPÍTULO 8

Chet se quitó el fango en el río y regresó a la cabaña del tío Jerry.

Hacía demasiado calor para estar adentro, así que se sentó en el portal. Estuvo así por mucho tiempo, imaginando lo que estarían haciendo sus padres. Recordaba a su mamá con su sonrisa dulce y sus ojos alegres, y a su papá, que siempre se levantaba con cara de alegría, incluso cuando no tenían ni un centavo y había que empacarlo todo para comenzar de nuevo.

¿Por qué lo habrían dejado aquí esta vez?

Estaba tan ensimismado en sus pensamientos que no vio al tío Jerry caminar apurado hacia la cabaña.

—¡Aquí estás! —dijo, sentándose junto a Chet, tratando de recuperar el aliento.

—Pensaba que estarías en la cafetería todo el día —le dijo Chet.

—Y así fue —respondió el tío Jerry, hurgando en sus bolsillos, buscando la pipa.

Encendió un fósforo en el suelo, encendió la pipa, tomó unas pocas bocanadas de humo y se acomodó en el sillón.

No se hablaron por unos minutos.

—Oí que pasó algo en el río —dijo el tío Jerry.

A Chet el corazón le dio un vuelco.

—El pobre Dewey llegó corriendo al centro del pueblo en calzoncillos —continuó el tío Jerry—, gritando que había visto al Demonio del Río. Su mamá llamó al Dr. Jay.

Chet suspiró sin mirar a su tío. A estas horas

probablemente le habría enviado un telegrama a sus padres y habría hecho todos los arreglos para enviarlo directamente a California. Chet estaba impaciente por empaquetar.

—Se me fue la mano —dijo.

—Eso pienso —respondió el tío Jerry.

Chet respiró profundo. Se quedó mirando con envidia una araña que pasó veloz y se escurrió dentro de una grieta del piso. Hubiera querido poder hacer lo mismo.

De repente, escuchó un extraño sonido y se volvió hacia su tío, que tenía la cara roja como si estuviera a punto de estallar. ¿Se estaría a-hogando con el humo de la pipa?

No. ¡Era un ataque de risa! El tío Jerry soltó una gran carcajada. Luego se dio un par de golpes en el pecho.

—Lo siento —dijo, riendo—, pero cada vez que recuerdo la cara de Dewey...

Se echó hacia atrás, palmoteándose en la rodilla y negando con la cabeza.

—Fue una broma genial —balbuceó—. Quizás un poco fuerte, pero muy buena.

Chet quería reírse también, pero no podía dejar de pensar en la mirada furiosa de Sid cuando salió del agua.

Monty tenía razón. Él no merecía la pena. No era digno ni de un puñetazo en la nariz. ¡Lo había arruinado todo!

Las lágrimas comenzaron a rodarle por la cara. Intentó huir para que su tío no se diera cuenta, pero fue demasiado tarde.

El tío Jerry dejó de reír y le puso una mano sobre el hombro. Esperó a que dejara de llorar.

¡Qué tonto era, lloriqueando por una estúpida broma!

—Todo va a pasar —lo consoló el tío Jerry.

—No —respondió Chet, poniéndose de pie—. Quiero irme.

—¿A dónde? —preguntó su tío.

—A California —respondió Chet.

El tío Jerry se le quedó mirando fijamente.

—No pertenezco aquí —dijo Chet.

—¡Tú no te vas para ninguna parte! —dijo su tío—. Esta es tu casa. Sabía que acoplarías bien aquí. ¿Por qué crees que le pedí a tu mamá que te dejara quedarte conmigo?

—Pero pensaba que mi mamá te lo había pedido a ti —dijo Chet.

—¿Estás bromeando? Se lo pedí por años. Le escribí cientos de cartas y telegramas.

—¿Por qué? —preguntó Chet.

El tío Jerry se quedó mirando a Chet como si hubiera preguntado algo tan obvio como dos y dos son cuatro.

—Pensé que quizás estuvieras cansado de andar mudándote y dando tumbos —dijo, tirando de Chet para que se sentara nuevamente a su lado—. Pero hay otra razón. Nosotros nos llevamos muy bien, sobrino. Siempre ha sido así. Me he sentido muy solo todos estos años.

Chet estuvo a punto de echarse a reír. Con toda la gente que quería a su tío, que lo rodeaba el día entero en la cafetería, que le reía los chistes y escuchaba sus historias, ¿cómo podía sentirse solo?

Sin embargo, los ojos del tío Jerry, usualmente arrugados y alegres, se veían grandes y sobrios. Estaba hablando en serio.

—¿Alguna vez te he contado lo que pasó después de que me lastimé la pierna? —le preguntó su tío—. Me mudé a Nueva York. Me fui del pueblo. Quería desaparecer. No podía resistir la manera en la que la gente me miraba aquí, como con lástima. O como si los hubiera defraudado por no haber llegado a grandes ligas.

—Mamá nunca me lo contó —dijo Chet.

—Bueno, pues es cierto. Pero, ¿sabes una cosa? Extrañaba este lugar. Y te voy a decir lo que aprendí: la gente tiene que enfrentar las cosas. No se resuelve nada huyendo.

Chet sabía que su tío tenía razón. ¿Pero cómo

podía quedarse, con los chicos odiándolo de esa manera?

—Ya encontrarás la manera de arreglar las cosas con tus amigos —le dijo el tío Jerry, como si le estuviera leyendo la mente—. Estoy seguro de que sabrás cómo hacerlo.

CAPÍTULO 9

Durante los próximos dos días, Chet esperaba ansioso en la cafetería por que aparecieran los chicos. Cada vez que se abría la puerta alzaba la vista, esperando que fueran ellos batiéndose a codazos por llegar primero al mostrador.

Pero ni siquiera pasaron por la acera.

Chet trató de llenarse de coraje para ir a buscarlos, y finalmente el miércoles lo consiguió. Fue otro día abrasador, el más caluroso de la temporada. Después de la agitación del almuerzo, el tío Jerry decidió cerrar temprano. Todo el hielo que tenían en la cafetería se había derretido. La leche se había cuajado. Se podía cocinar un panqué en el piso de la cocina.

—Me voy para la casa a meter la cabeza debajo de la bomba de agua —dijo el tío Jerry—. Y después a mecerme en la hamaca hasta que caiga el sol.

Chet le dijo adiós a su tío y se fue al río, seguro de que encontraría a los chicos jugando pelota en el agua.

Pero todo estaba quieto.

Se dio cuenta de que todavía seguían en la fábrica, porque el turno de ellos no acababa hasta una hora más tarde.

Mientras esperaba, notó que aún quedaban salpicaduras de kétchup en el muelle. Ahora lucían más reales que antes, como si fueran la evidencia de algún crimen sangriento. Decidió lavarlas antes de que llegaran los chicos, para eliminar todo recuerdo de la broma. Se desvistió y saltó al río. Comenzó a salpicar el muelle, salió fuera del agua y restregó las manchas con un puñado de hojas.

Tuvo que repetir la operación de salpicar y restregar tres veces, hasta que logró quitar las manchas por completo.

Cuando terminó estaba tan sudado que decidió darse un largo chapuzón.

Se sentía apacible sin los gritos y los chapoteos de los demás. Flotó aboyado bajo la sombra de los árboles, recordando cómo su papá lo había enseñado a nadar en el río Misisipi mientras su mamá los miraba, sentada en la orilla, moviendo las manos, emocionada, y aplaudiendo. Estaba nadando de vuelta al muelle cuando chocó contra algo debajo del agua.

O algo lo embistió, golpeándolo de una forma tan violenta en el pecho que de pronto no podía respirar.

¿Qué había sido aquello? ¿Alguno de los postes viejos del muelle? ¿Una tortuga mordedora?

¿Se habría acercado Sid furtivamente para golpearlo?

El agua a su alrededor lucía rara, como cubierta de un humo rojo.

Chet miró hacia abajo, aturdido. Tenía todo el pecho raspado y cubierto de sangre. ¿Qué lo habría herido de esa manera?

Sintió que se le helaba la sangre del terror. De repente tuvo la sensación de que alguien —o algo— estaba a su lado, mirándolo.

Y de pronto lo vio.

Una aleta gris.

Brillaba bajo el sol mientras se deslizaba lentamente hacia él.

Seguro estaba viendo visiones. ¿O sería otra broma? ¿Estarían los chicos vengándose de él?

Pero no, esta vez no era una loza.

A medida que se acercaba, Chet pudo ver la forma oscura de un pez enorme, mucho más grande que él. Más grande incluso que el tío Jerry, con dos ojos perforadores que atravesaban el agua.

Ojos asesinos.

Sintió que se le paralizaba el corazón.

Salió disparado hacia la orilla, golpeando el agua, pateando con todas sus fuerzas hasta que finalmente pisó el fondo. Ahora estaba corriendo, con el corazón a punto de estallar, y una voz retumbándole en la cabeza: "¡Sal del agua! ¡Sal del agua! ¡Sal del agua!".

Casi afuera... ¡solo un par de pasos más!

Se lanzó con fuerza hacia adelante y cayó sobre la tierra. Rodó sobre un costado para mirar hacia el río, incrédulo: era un tiburón, uno inmenso —gris oscuro por arriba y blanco por debajo. Abría y cerraba las mandíbulas. Los dientes, irregulares y filosos como agujas, eran más grandes que los dedos de cualquier chico y estaban alineados en dos filas e inclinados hacia adentro. El tiburón seguía embistiendo como si quisiera salir del agua. Chet quería levantarse y correr, pero estaba paralizado.

Dos ojos asesinos lo miraban sin parpadear.

De repente, con un movimiento de la cola, el tiburón retrocedió. Se mantuvo por unos segundos en la superficie del agua, y luego, con un coleteo furioso, desapareció río abajo.

CAPÍTULO 10

Chet se incorporó hasta quedar de rodillas y vomitó.

Cuando pudo ponerse de pie, fue dando tumbos a recoger su ropa. Le temblaban tanto las manos que apenas podía abotonarse la camisa. Metió los pies en las botas sin intentar siquiera atarse los cordones. Con las piernas temblorosas y la sangre bombeándole en los oídos, subió como pudo la colina y corrió al centro del pueblo.

Se abrió camino entre las señoras con las cestas de compra. Cruzó la calle sin fijarse siquiera en el automóvil que tocó la bocina e hizo una maniobra para esquivarlo. Otro hombre que conducía una calesa le gritó que tuviera cuidado. El caballo relinchó, pero Chet apenas notaba nada.

Entró tambaleándose en la ferretería del Sr. Colton, tropezando en la puerta y tirando al suelo una columna de regaderas que estaban en exhibición. El ruido atrajo a tres clientes al frente de la tienda. El Sr. Colton se apresuró a salir de detrás del mostrador.

—¿Chet? —llamó, preocupado—. ¿Qué sucede?

Chet abrió la boca, pero no pudo articular palabra.

—¿Qué te pasó? —insistió el Sr. Colton—. ¿Por qué tienes la camisa llena de sangre? ¿Estás herido? ¿Quién te hizo esto?

Un pequeño grupo de clientes se reunió a su alrededor, mirándolo con preocupación.

—Un tiburón —pudo decir por fin Chet.

—¿Cómo? —preguntó el Sr. Colton.

—Un tiburón —repitió Chet.

—¿Ha habido otro ataque en la costa? —preguntó el Sr. Colton—. No he visto nada en los periódicos.

Chet negó con la cabeza.

—Hay un tiburón en el río —dijo—. Lo vi. Me atacó.

La multitud rompió en una carcajada.

El Sr. Colton sonrió compasivo, palmoteándole el hombro.

—Es el calor, muchacho, que nos está volviendo a todos un poco locos.

Le pidió a uno de los clientes que fuera al fondo de la tienda y le trajera a Chet algo de tomar. Sacó al chico de la multitud y lo ayudó a sentarse en uno de los taburetes del mostrador. Un hombre le alcanzó una jarra con agua.

—Toma un poco, hijo —le dijo el Sr. Colton.

—¡Tenemos que avisarle a la gente! —dijo

Chet, rechazando la jarra y derramando un poco de agua sobre una pila de catálogos de semillas.

El Sr. Colton negó con la cabeza, como si Chet acabara de decir que había visto un unicornio galopando por la calle principal del pueblo.

—Hay mucha basura flotando en el río —dijo el Sr. Colton—. Pudiste haberte golpeado con un tablón viejo del muelle, o con un barril, váyase a saber...

—No —dijo Chet—. ¡Fue un tiburón!

—Creo que todas esas bromas te están afectando —le dijo el Sr. Colton.

Chet sabía que pensarían que estaba loco. Podía pasarse todo el día jurando que había visto un tiburón, que nadie le creería.

¿Por qué habrían de creerle? ¿Un tiburón en el río? ¡Era algo imposible!

Excepto que lo había visto con sus propios ojos. De haberse demorado un segundo, estaría ahora muerto y sería otro nombre en el periódico.

—No te preocupes, hijo —le dijo el Sr. Colton—. ¿Qué te parece si llamo al Dr. Jay para que te de un aventón hasta la casa? ¿Nunca has montado en su carro, verdad?

El Sr. Colton caminó hasta el fondo de la tienda para usar el teléfono. Los clientes regresaron a lo suyo, incrédulos y sonrientes.

No, nadie le creería. Y, mientras tanto, el tiburón estaba en el río.

En ese momento, Chet cayó en cuenta de que había una persona en el pueblo que podía creerle y que podría saber qué hacer. No estaba seguro, pero era su única esperanza.

Se deslizó del taburete y salió corriendo de la ferretería.

—¡Chet! —lo llamó el Sr. Colton—. ¿A dónde vas?

Pero el chico no se dio la vuelta para responder.

Tenía que hallar al capitán Wilson antes de que sucediera una desgracia, y ya había perdido demasiado tiempo.

CAPÍTULO 11

Chet se paró en el portal medio derruido de la casa del capitán. Apenas había tocado cuando la puerta se abrió de par en par.

El capitán se le quedó mirando, con el ceño fruncido en su cara arrugada, como si nunca antes lo hubiera visto.

—¿Sí? —le dijo—. ¿Qué deseas?

A Chet le dio un vuelco el corazón.

Pensó en lo que había dicho el tío Jerry, que el

capitán tenía la mente como un queso suizo, llena de huecos.

—¿Qué deseas? —repitió el viejo, impaciente—. ¿Estás vendiendo algo? No tengo todo el día.

—Disculpe, señor —le dijo Chet—. No quería molestarlo.

Estuvo a punto de darse la vuelta e irse andando, pero decidió quedarse. Dio un paso al frente, acercándose al capitán y mirándolo fijamente a los ojos.

—Capitán —dijo alzando la voz—. Vi un tiburón. En el río. Me atacó.

Chet se levantó la camisa para mostrarle el pecho raspado.

El capitán lo observó y luego dejó vagar la vista en la distancia. ¿Sabría siquiera dónde estaba?

—Sé que suena imposible, señor, que no tiene ningún sentido.

El capitán se le quedó mirando antes de responderle.

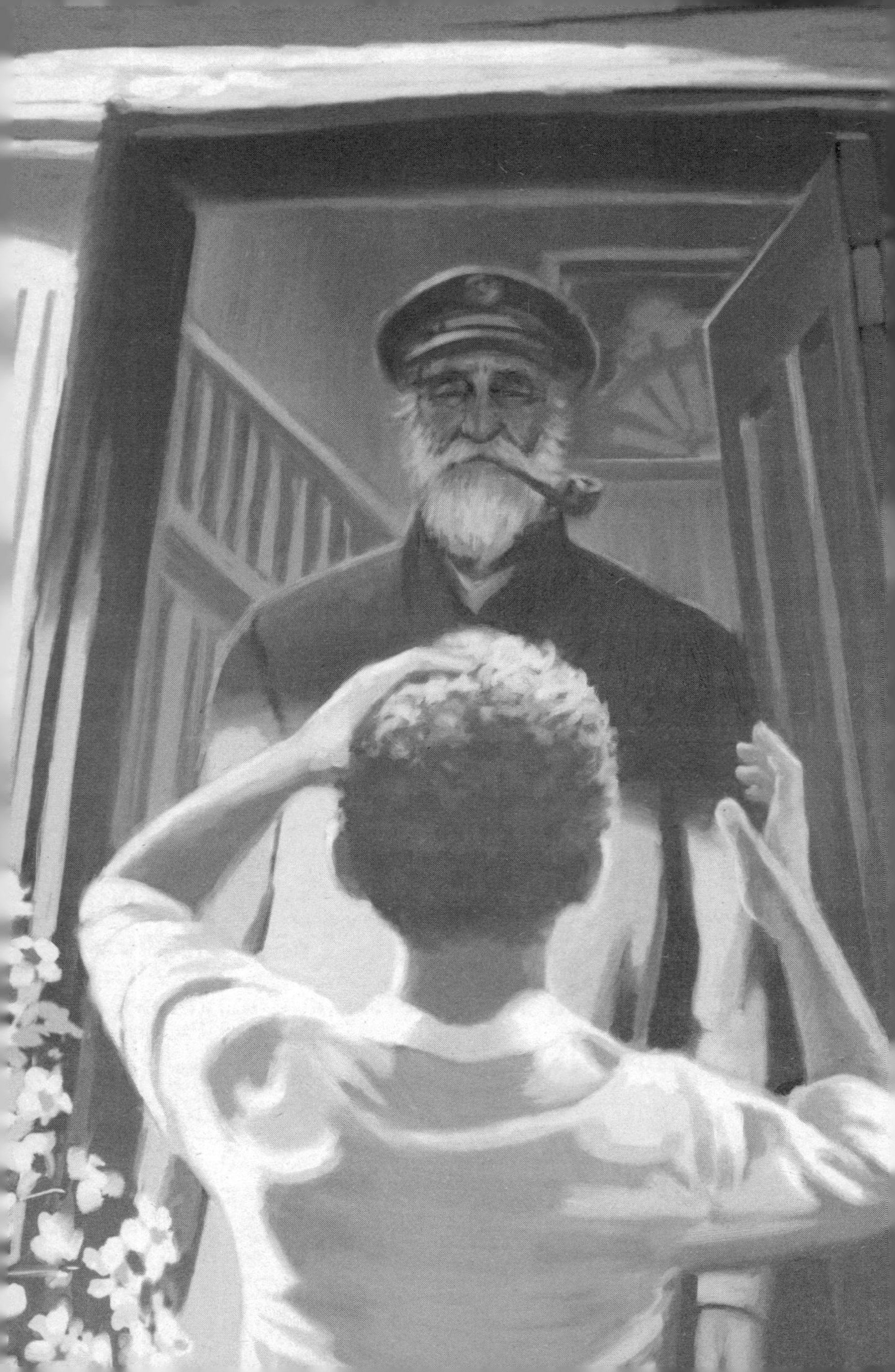

—Por supuesto que tiene sentido.

Chet abrió los ojos de la sorpresa.

—El río va a morir a la bahía Raritan, que conduce directamente al océano Atlántico. Los piratas solían usar esa ruta para llegar hasta aquí y enterrar sus botines en los alrededores —explicó el capitán. Los ojos le brillaban cada vez más—. Si las olas son altas y hay una corriente fuerte, un tiburón puede ser arrastrado río arriba.

Por supuesto que sí.

—Lo vi, capitán —dijo Chet, ahora con más seguridad—. Era inmenso. Y sus ojos, como usted dice, eran ojos...

—Ojos asesinos —murmuró el capitán.

Chet asintió.

—¿Y qué haces ahí parado, hijo? —gruñó el capitán—. ¡Hay que alertar a la gente! Voy a coger mi bote. Regresa al río y cuéntales a todos lo que viste.

—¿Y si no me creen? —preguntó Chet.

El capitán le puso uno mano en el hombro y se lo apretó con fuerza.

—¡Ve! —le dijo.

CAPÍTULO 12

Chet comenzó a gritar mientras descendía la colina.

—¡Salgan del agua! ¡Salgan del agua! —gritaba—. ¡Salgan ahora mismo!

Bajó como una tromba por el camino hasta el muelle.

—¡Tienen que salir del agua! ¡Hay un tiburón!

Sus antiguos amigos estaban allí, pero ni siquiera lo miraron.

—¡Tienen que creerme! —insistió Chet—.

Esto no es una broma. ¡Tienen que salir del agua ahora mismo!

—¿Oíste eso, Monty? —dijo Sid—. ¡Hay un tiburón en el río! Mejor salimos.

Sid se colgó del muelle para subir, y Monty y Dewey lo siguieron.

¿Estaba funcionando? ¿Le estaban haciendo caso?

De repente, Sid retrocedió. Corrió impulsándose para saltar desde el borde del muelle y caer en el río, levantando una ola enorme que empapó completamente a Chet. Monty y Dewey lo siguieron.

—¡Hey! —dijo Sid—. Si el tiburón me ataca, pueden dividirse los 500 dólares de la recompensa que da ese tipo rico.

—¡Ese tipo ya se murió! —dijo Monty.

—¡Nos fastidiamos! —bromeó Sid.

—¡Tibuuuurooooooón, tiburoncito! —voceó Sid, poniéndose las manos alrededor de la boca—. Aquí estamos, tiburoncito. ¡Ven y cómenos!

Los chicos gritaban, desternillados de la risa. Chet los miraba con impotencia. El tiburón probablemente se habría ido río abajo. Nadie le creería. Por los próximos cien años, la gente de los alrededores de Elm Hills hablaría de él, como el chico que dijo que había un tiburón en el río. Sería el hazmerreír de todos, igual que el capitán.

Chet quería salir corriendo sin parar hasta llegar a California. Pero entonces notó que Sid se había quedado extrañamente paralizado. Tenía el rostro pálido y la boca abierta, como a punto de gritar.

Chet sintió que desfallecía cuando vio la reluciente aleta cortando limpia y lentamente la superficie del agua.

—Qué demonios... —dijo Dewey.

—¡Apúrense! —gritó Chet—. ¡Salgan del agua!

Monty y Dewey salieron volando del río, pero Sid continuaba paralizado, como si estuviera hipnotizado. Ahora el tiburón se movía cerca de la superficie, casi encandilándolos con sus ojos negros, dejando vislumbrar pedazos de su inmensa anatomía.

—¡Sal! —le gritaban todos a Sid.

—¡Apúrate! ¡Ahí viene!

Chet escuchó un motor en la distancia y la voz del capitán Wilson gritando: "¡Tiburón! ¡Tiburón

en el río! ¡Todo el mundo fuera del agua! ¡Hay un tiburón en el río!".

Pero Sid seguía petrificado. El tiburón estaba ahora mucho más cerca de él.

De pronto, sin pensarlo, Chet se lanzó al agua y nadó tan rápido como pudo rumbo a Sid. Lo agarró y comenzó a arrastrarlo halándolo por un brazo.

—Chet, ¿es real? —balbuceó Sid—. ¿Era cierto?

—¡Sí, huyamos! ¡Apúrate!

Monty y Dewey estaban en el borde del muelle, estirando las manos para alcanzarlos. Sid logró encaramarse y Chet pudo colgarse del muelle para impulsarse mientras los chicos lo ayudaban halándolo por los brazos. Ya estaba casi fuera del agua cuando sintió que algo le atrapaba una pierna.

Al principio parecía como si una mano gigante estuviera tirando de él. Luego como si decenas de clavos calientes se le clavaran en las pantorrillas.

—¡Me mordió la pierna! —gritó Chet.

—¡Halen! —gritó Sid.

Sus amigos tiraron y tiraron de él. Chet pensó que lo iban a partir al medio. Después de unos segundos que parecieron una eternidad, por fin pudo liberar la pierna.

Sus amigos lo subieron al muelle.

De repente, el tiburón saltó por encima de la superficie con las mandíbulas abiertas y los dientes ensangrentados, buscando recuperar la presa que se le escapaba, cuando...

¡BANG!

Un disparo retumbó en el aire.

El tiempo parecía haberse detenido.

Lo próximo que supo Chet es que estaba sentado sobre el muelle. Le parecía que todo estaba cubierto de una densa neblina y que la gente se movía en cámara lenta. Escuchaba sonidos amortiguados: voces de hombres, el motor de un bote... y los chicos repitiendo su nombre una y otra vez, inclinados sobre él, agarrándolo fuerte por los brazos.

Miró hacia abajo y se preguntó qué estaría haciendo en medio de un charco de kétchup. ¿No lo había limpiado antes? ¿Por qué el charco seguía creciendo?

Chet comprendió que no era kétchup sino la sangre que brotaba de su pierna.

La niebla alrededor suyo se hizo más densa, hasta que no vio ni escuchó nada más.

CAPÍTULO 13

TIBURÓN MATA A DOS EN RÍO DE NUEVA JERSEY

Un tercer chico sobrevive, pero sus heridas son graves

13 de julio de 1916

Elm Hills, Nueva Jersey

Un niño y un joven murieron ayer, 12 de julio, al ser atacados por un monstruoso tiburón que hizo su aterradora aparición en el río

Matawan de Nueva Jersey. Lester Stillwell, de 11 años, fue atacado mientras nadaba con sus amigos en el pueblo de Matawan. Minutos más tarde, Stanley Fisher, de 24 años, fue atacado mientras intentaba rescatar valerosamente a Lester.

Río arriba, Chet Roscow, de 10 años, tuvo un encuentro con el tiburón mientras nadaba solo. Se las arregló para escapar y corrió al pueblo para avisar a los residentes. Sus llamadas de alerta fueron ignoradas, ya que la mayoría de los habitantes pensó que se trataba de una broma. El chico no desistió, y más tarde trató de prevenir a sus amigos, que nadaban detrás de la fábrica de azulejos Templer Tile Factory. Fue en ese momento que el muchacho cayó entre las fauces del monstruo.

Fue rescatado momentos más tarde, cuando el capitán Thomas A. Wilson le disparó al tiburón con un mosquete de la Guerra Civil, espantando a la bestia.

El valiente joven fue llevado de urgencia al hospital St. Peter's, en New Brunswick. Las heridas que recibió en la pierna son consideradas extremadamente graves.

CAPÍTULO 14

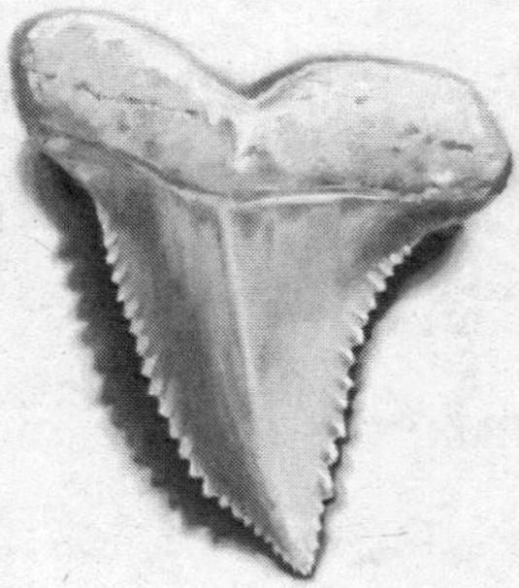

Las imágenes aparecían y desaparecían en la mente de Chet. Imágenes confusas: un grupo de hombres cargándolo en el muelle, el interior del carro del Dr. Jay, las paredes y sábanas blancas de un hospital, doctores con expresiones sombrías, la enfermera bonita de voz melodiosa y el tío Jerry, que no se movía de al lado suyo.

¿Estaba soñando? ¿Estaba despierto? ¿Estaba vivo o muerto?

Pasaron dos días antes de que estuviera seguro

de que estaba vivo, y luego otros tres antes de que entendiera lo que le había pasado: un tiburón le había arrancado parte de la pantorrilla. Unos segundos más y le hubiera arrancado la pierna.

—Sanará —le dijo el doctor, dándole una palmada en el hombro—. Tomará un tiempo, pero tu pierna sanará.

—El niño milagroso —le dijo el tío Jerry—. Así es como te llaman en los periódicos. Y es cierto.

Ya Chet había oído hablar de las otras dos víctimas: un niño que había sido atacado más abajo en el río, a una milla de Elm Hills, y un hombre que había tratado de salvarlo. Ambos habían muerto.

La habitación de Chet estaba repleta de flores y tarjetas enviadas desde todos los rincones del país. Pero nada de esto le importaba. El dolor en la pierna era peor que cuando lo estaba mordiendo el tiburón. La medicina que le daban lo tenía indispuesto y mareado. Quería

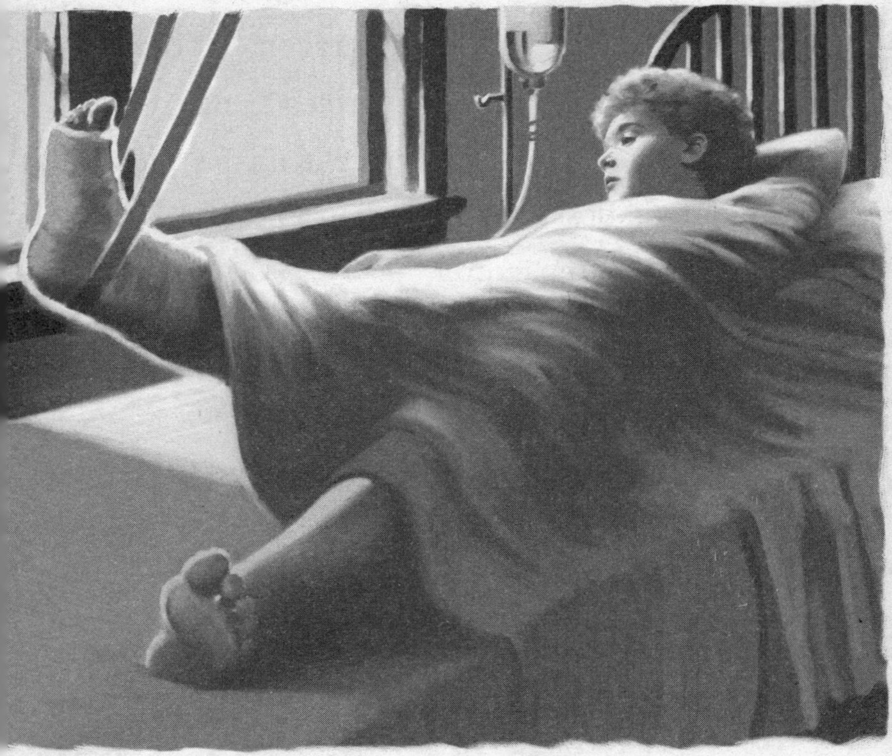

estar con sus padres, que no acababan de llegar porque su tren viajaba desde el otro extremo del país.

Cada vez que se dormía, despertaba de súbito temblando de miedo y con las sábanas empapadas de sudor. El terror pasaba un poco cuando estaba despierto. Pero, por alguna razón, el tiburón estaba todo el tiempo al acecho, mirándolo con sus ojos asesinos y sus centellantes dientes ensangrentados. Chet no se había sentido nunca antes tan desamparado.

CAPÍTULO 15

Era el sexto día que Chet llevaba en el hospital cuando sintió que tocaban la puerta de su habitación. Se sentó en la cama, seguro de que serían sus padres. Pero no eran ellos. Dewey, Sid y Monty se asomaron a la puerta. Detrás venía el tío Jerry. El hospital estaba a dos horas de Elm Hills. ¿Habían hecho los chicos un viaje tan largo para verlo?

Lucían un poco asustados y Chet se sintió nervioso. ¿Seguirían enojados con él? Los saludó

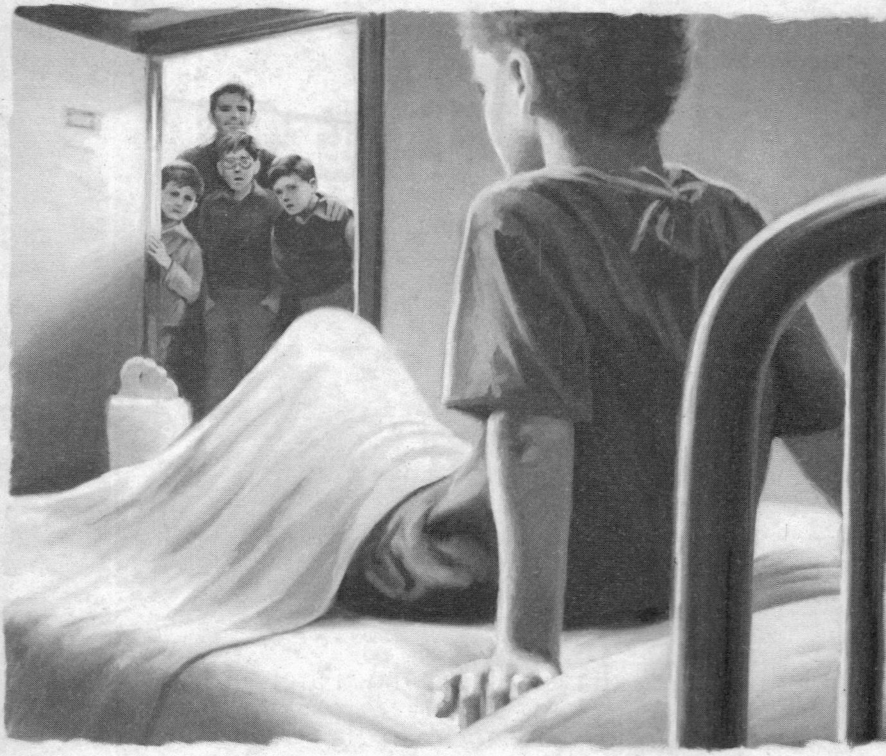

brevemente con la mano. Eso bastó para que los chichos entraran y comenzaran a forcejear entre ellos por un lugar en la pequeña cama. Sus empujones lastimaron un poco la pierna de Chet, pero a él no le importó.

—Voy a estar en el pasillo, niños —dijo el tío Jerry—. Creo que le gusto a la enfermera bonita.

Una vez que la puerta se hubo cerrado tras él, todos comenzaron a hablar al mismo tiempo.

—¡Explotaron dinamita en el río!

—¡Un hombre pescó un tiburón en la bahía y dice que es el mismo!

—¡Medía diez pies!

—Le abrieron el estómago.

—¡Dicen que encontraron huesos humanos!

Por supuesto que el tío Jerry ya le había contado todo esto a Chet, pero él escuchó a los chicos como si lo que decían fuera totalmente nuevo. Le gustaba escuchar sus voces a su alrededor. Ojalá nunca se callaran. Le contaron que el capitán Wilson se había vuelto famoso, que los reporteros de los periódicos venían de todo el mundo a hablar con él.

—Dice tu tío que la pierna se pondrá bien —dijo Dewey.

—Te va a quedar tremenda cicatriz —dijo Sid con un tono de voz que casi sonaba celoso.

Chet no había mirado de cerca la pierna cuando

las enfermeras le cambiaban las vendas. Era en ese momento que le dolía más, cuando le curaban la herida. Tenía que mantener los ojos bien cerrados y morder un trapo para evitar gritar hasta que hubieran terminado. Le faltaba un pedazo de carne. No solo le quedaría una cicatriz, también cojearía.

—Igual que yo —lo había consolado el tío Jerry—. Ni lo sentirás.

—Minnie sigue preguntando por ti —dijo Dewey.

A Chet le hubiera gustado saber qué pensaría Minnie de un chico con cojera.

—Lo siento mucho —le dijo Sid casi en un susurro, acercándosele.

—Lo sentimos por todo —dijo Monty.

—Fue mi culpa —dijo Sid, como si estuviera a punto de llorar.

—¡¿Qué estás diciendo?! —respondió Chet—. Tú no metiste el tiburón en el río.

Sid rio bajito y se secó los ojos con la manga.

—Debimos haberte hecho caso —dijo Monty—. Si hubiéramos salido del agua no te habría pasado nada.

—Y si no hubieras venido a avisarnos —añadió Dewey—. Ahora no sé ni dónde estaríamos.

—Pero si no les hubiera hecho esa estúpida broma —lo interrumpió Chet—, ustedes me hubieran creído.

—Me salvaste la vida —dijo Sid.

—Ustedes fueron los que me salvaron a mí, chicos —respondió Chet.

Tragó en seco y todos moquearon un poco.

De pronto se hizo silencio en la habitación. En ese momento, Chet se dio cuenta de algo: los chicos y él estarían unidos para siempre por las cosas terribles que habían visto y por lo que habían hecho unos por otros.

Unos segundos después, Sid rompió el silencio.

—Hagamos un trato —dijo—. No más bromas.

Como era costumbre, nadie discutió la decisión de Sid, así que la tregua quedó pactada.

Los chicos se quedaron toda la tarde, hasta que el tío Jerry asomó la cabeza y dijo que era hora de marcharse. Aún así, estuvieron remoloneando hasta que el tío Jerry los echó de la habitación.

—Esperen un momento —les dijo al cerrar la puerta de la habitación, y se acercó a la cama de Chet—. Tu mamá llamó al hospital —dijo—. Ella y tu papá llegarán esta noche después de la cena.

Chet sonrió.

—¿Sabes una cosa? —dijo el tío Jerry, estirando las sábanas—. Se me ha ocurrido una idea. —Antes de continuar, se aclaró la garganta—. Quizás tu papá quiera ayudarme a administrar la cafetería —dijo el tío Jerry—. Tenemos demasiada clientela y creo que a él le gustará el trabajo. Nos va bastante bien, y la verdad es que no me importaría tener un poco más de tiempo para mí.

A Chet le tomó unos minutos entender de qué estaba hablando su tío.

—Tu papá podrá decidir si es hora de sentar cabeza —continuó—. No estoy seguro de que vaya a aceptar mi propuesta, pero me parece que vale la pena intentarlo, ¿no crees?

Chet abrió la boca para decir algo, pero las palabras parecían habérsele trabado en alguna parte, así que solo asintió.

—*Okey, mijo*. Pues ese es el plan.

Chet se quedó acostado un rato después de que el tío Jerry se hubiera marchado. Pensaba en sus padres. Se moría de las ganas de presentárselos a los chicos y al capitán Wilson. Trató de mantener los ojos abiertos, pero había sido un día largo y agotador. En poco tiempo quedó rendido.

Soñó que era un hombre viejo, sentado en

una cafetería, contándole una historia a una pandilla de muchachos. Les hablaba del tiburón en el río, un tiburón asesino inmenso con las fauces ensangrentadas y los ojos negros como el carbón. Les describía cómo el tiburón lo había perseguido, pegándole un susto mortal, pero al final la bestia no había podido matarlo, porque él no estaba solo. Sus amigos habían ido a rescatarlo, y habían tirado de él con todas sus fuerzas.

Y nunca más lo dejaron ir.

LOS ATAQUES DE TIBURONES DE 1916: UNA INCREÍBLE HISTORIA REAL

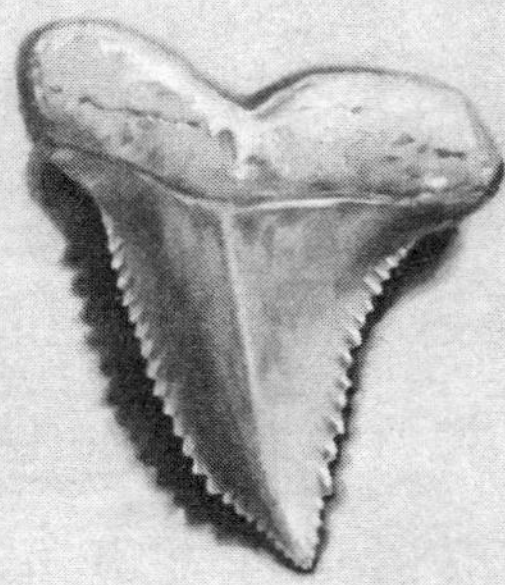

Imagínate leer un artículo sobre un conejo que de pronto se vuelve un asesino sediento de sangre.

Probablemente te reirías, o quizás lo negarías, incrédulo.

Así se sintió la mayoría de los estadounidenses en 1916, cuando escucharon por primera vez sobre los ataques de tiburones a lo largo de la costa de Nueva Jersey. "¿Un tiburón atacando a seres humanos? ¡Imposible! Los tiburones son criaturas pacíficas —pensaba la mayoría de la gente—, fácilmente asustadizos, con mandíbulas demasiado débiles para hacerle daño a una persona". En aquella época no existían biólogos marinos, ni equipos de buceo para la exploración submarina.

Aún no se había estudiado a los tiburones de cerca y solo existían las historias transmitidas a través de generaciones. Por supuesto, todo el mundo había escuchado hablar de la famosa recompensa de Hermann Oelrichs: en 1891, el magnate había ofrecido 500 dólares a cualquiera que pudiera probar que alguna persona había sido atacada alguna vez por un tiburón en algún lugar de la costa noreste de los Estados Unidos. Habían pasado décadas y nadie había podido reclamar la recompensa. Esto parecía confirmar la creencia popular de que los tiburones no eran una amenaza para los humanos.

Pero entonces ocurrieron los ataques de 1916.

A pesar de que los personajes de este libro son ficticios, los principales acontecimientos de la historia son ciertos. Por doce días, durante el abrasador mes de julio de 1916, cuatro personas murieron al ser atacadas por tiburones.

Charles Vansant, primero, y Charles Bruder, después, fueron mortalmente heridos mientras nadaban en el océano. Más tarde, 16 millas mar adentro, Lester Stillwell, de once años, fue atacado mientras nadaba con sus amigos en Matawan Creek. El joven Stanley Fisher, de veinticuatro años, fue atacado cuando intentaba rescatar a Lester. Joseph Dunn, de doce años, recibió una mordida en la pierna, pero logró sobrevivir, igual que Chet.

Estos ataques conmocionaron a los estadounidenses y echaron por tierra las falsas ideas que había sobre los tiburones. No había duda alguna de que los ataque fueron de tiburones. Dos días después del ataque de Matawan, un gran tiburón blanco fue capturado en la Bahía de Raritan. Encontraron huesos humanos en su estómago, lo que aparentemente comprobaba que el asesino había sido atrapado.

Sin embargo, durante las décadas pasadas,

científicos e investigadores han puesto en duda algunos detalles de los ataques. Muchos de ellos no creen que un gran tiburón blanco solitario haya sido el responsable. Dicen que es más probable que el agresor del río Matawan haya sido un tiburón toro, ya que es la única especie peligrosa para el hombre que puede sobrevivir en agua dulce por largos períodos de tiempo. Durante las semanas previas al primer ataque, los capitanes de barcos reportaron haber visto una inusual actividad de tiburones en los corredores de carga del Atlántico, incluidos jaquetones blancos y tiburones toros. Quizás alguna actividad oceánica o condiciones climáticas inusitadas atrajeron a los tiburones al área costera en la que, trágicamente, cruzaron sus caminos con los nadadores. Nunca lo sabremos con certeza. Lo que sí sabemos es que los ataques de escualos son extremadamente raros, y que los ataques de 1916 nunca serán olvidados.

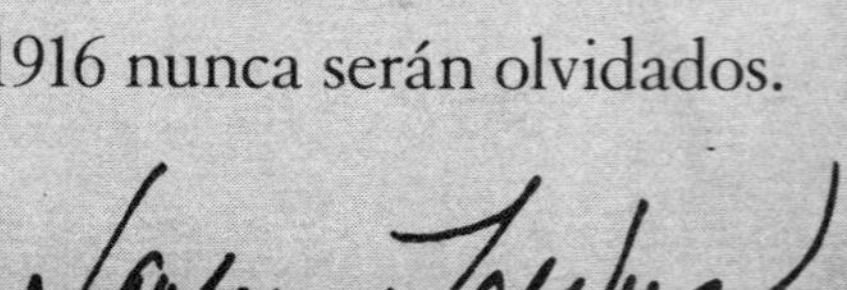

DATOS SOBRE ATAQUES DE TIBURONES

- De las más de 350 especies de tiburones conocidas, solo 4 son particularmente agresivas con los humanos: el tiburón toro, el gran tiburón blanco, el tiburón tigre y el cabeza de martillo. El tiburón toro es considerado por la mayoría de los expertos el más peligroso para los humanos.
- Los ataques de tiburones son muy raros. En el año 2008 se reportaron 118 ataques en todo el planeta, 4 de los cuales fueron mortales. De esos ataques, 59 fueron "injustificados", lo que significa que los tiburones atacaron a alguien que no estaba

haciendo nada para deliberadamente llamar su atención o entrar en contacto. En cambio, un promedio de 125.000 personas mueren por mordeduras de serpientes cada año.

- Algunos científicos consideran que la mayoría de los tiburones no agreden intencionalmente al hombre, sino que confunden a los nadadores o surfistas con mamíferos marinos grandes, como las focas. Esto podría explicar por qué la mayoría de los ataques de escualos a humanos no son mortales: después de la primera mordida advierten su error y se alejan.
- La mayoría de los ataques de tiburones les ocurre a nadadores solitarios en el océano. Los expertos sugieren que la mejor manera de evitar los ataques

de tiburones es nadar en grupo. Otros consejos: evita nadar durante la noche o al anochecer. Nadar con un perro puede ser peligroso, porque los remolinos que hacen los perros al nadar pueden atraer a los escualos. Deja las joyas en casa, ya que los accesorios brillantes también pueden llamar la atención de los tiburones. Tampoco nades en el océano si tienes alguna herida sangrante.

- El estado donde ocurren más ataques de tiburones es Florida, con un promedio de treinta ataques al año, ninguno de ellos mortales durante los pasados cuatro años. En California, Hawái, Carolina del Norte y Carolina de Sur han ocurrido algunos ataques esporádicos durante los últimos cinco años. No se ha registrado ningún ataque de tiburones en Nueva Jersey desde 1926.

- Cada año, los humanos matan cerca de 100 millones de tiburones, principalmente por sus aletas, que son el codiciado ingrediente principal de la sopa de aletas de tiburón. Muchas especies de tiburones están en peligro de extinción, incluyendo el tiburón blanco.

- El International Shark Attack File (ISAF, por sus siglas en inglés) es la única base de datos mundial, científicamente documentada, que investiga cada ataque de tiburón y mantiene registros detallados de los mismos. Échale un vistazo a su fascinante sitio web: floridamuseum.ufl.edu/shark-attacks/

¿Sobrevivirías otra emocionante historia basada en hechos reales?

¡Descubre el próximo libro de la serie en español!

SOBREVIVÍ

EL NAUFRAGIO DEL *TITANIC*, 1912

INSUMERGIBLE. HASTA UNA NOCHE...

George Calder debe ser el chico con más suerte del mundo. Su hermanita Phoebe y él viajarán junto a su tía en el *Titanic*, el mejor barco construido jamás. George se muere de ganas de explorar cada pulgada del gran buque, aun si se mete en problemas.

Pero entonces, ocurre lo inimaginable. El *Titanic*

choca con un iceberg y comienza a hundirse. George queda separado de su familia y está muerto de miedo. Hasta ahora siempre había encontrado la manera de salir airoso de sus travesuras, pero... ¿sobrevivirá en esta ocasión para contarlo?

Foto de David Dreyfuss

Lauren Tarshis es autora de *Sobreviví el naufragio del Titanic, 1912*, y directora de la revista *Storyworks*. También ha escrito las novelas *Emma-Jean Lazarus Fell Out of a Tree* y *Emma-Jean Lazarus Fell in Love*. Vive en Connecticut y puede contactarse en la web en **laurentarshis.com.**